ENGIADINA BASSA, SAMNAUN, VAL MÜSTAIR

ENGIADINA BASSA
SAMNAUN
VAL MÜSTAIR

PRÄGENDE LANDSCHAFTEN

ROLF CANAL

Fotos: Rolf Canal
Texte: Monica Caviezel, Zürich
Lithos: Thoma Scan, Uster
Papier: Zanders Mega 150 gm^2
Druck: Engadin Press AG, Samedan
Buchbinder: Eibert AG, Eschenbach

Printed in Switzerland by Engadin Press AG, Samedan

In Scuol

Wenn Landschaften prägen...

«Zeig mir deine Heimat, und ich sage dir, wer du bist.» Nichts anderes prägt Menschen so sehr wie die Landschaft, in der sie leben. Es ist vor allem die Natur, die Menschen zu «Südländern» oder «Nordländern», zu «Berglern» oder eben auch zu «Unterengadinern», «Münstertalern«, «Samnaunern» macht.
Das Unterengadin, das Münstertal und Samnaun sind in einer grossartigen Landschaft eingebettet: schroff, wild und urtümlich. Hier regiert die Natur – meistens herrlich, manchmal aber auch unberechenbar und launisch. Die Menschen in diesen Tälern haben gelernt mit der Natur zu leben, ihr zu trotzen. Sie haben den Launen der Natur standgehalten, doch die Landschaft hat sie geprägt. Wie die Berge, die sie umgeben, sind sie still und ruhig. Die Enge der Täler, in denen sie leben, hat sie zu besonnenen Menschen gemacht, und die abgelegenen Täler, die erst seit 1999 mit dem Vereina-Tunnel besser zugänglich wurden, zu schweigsamen, in sich gekehrten Berglern.
Still und ruhig, besonnen und in sich gekehrt, das ist nur die eine Seite. Es ist nicht immer einfach, den Menschen aus dieser Region näher zu kommen. Doch wer sie kennen gelernt hat, wird sie ins Herz schliessen – ebenso wie die Täler, in denen sie leben. Menschen und Natur müssen zuerst entdeckt werden; erst dann wird man sich gewahr werden, wie hier Herzlichkeit und Aufrichtigkeit, dort Herrlichkeit, Kraft und Stille den Reichtum dieser Gegend ausmachen.
Die Abgeschiedenheit dieser Täler hat dazu geführt, dass sich der Tourismus hier nur zögernd entwickelte. Dabei gibt es im Unterengadin, im Münstertal und in Samnaun viel Sehenswertes: Nicht nur das Kloster Müstair oder das Schloss Tarasp, auch die vielen Dörfer, die noch weitgehend im alten Stil erhalten geblieben sind, sind einen Besuch wert. Und dann noch die Landschaft, die mit ihrer eindrücklichen Einmaligkeit immer wieder zu einem unvergesslichen Erlebnis wird.
Dass Landschaften prägen können, zeigen die Bilder in diesem Buch.

Scha cuntradas fuorman...

«Muossa'm tia patria, ed eu at di, chi cha tü est.» Nüglia nu fuorma ils umans usché ferm, sco la cuntrada ingio ch'els vivan. Id es impustüt la natüra, chi fa our dals umans tips dal süd, dal nord, muntagnards o apunta eir da l'Engiadina bassa, da la Val Müstair, da Samignun.
L'Engiadina bassa, la Val Müstair e la Val Samignun sun situadas in üna cuntrada müravgliusa: stip, sulvadi e natüral. Qua regna la natüra – il plü suvent fantastica, minchatant però eir incalculabla e glünatica. Ils umans in quistas valladas han imprais a viver culla natüra, a far frunt ad ella. Els han resistü a las glünas da la natüra, ma la cuntrada tils ha fuormà. Sco las muntognas, chi tils circundeschan, sun els quiets e calms. Las valladas strettas han fuormà umans prudaints e las vals giò'd via, accessiblas pür daspö l'an 1999 tras il tunnel dal Vereina, han fuormà muntagnards introvertits e da pacs pleds.
Quiet e calm, introverti e da pacs pleds, quai es be üna vart. I nun es adüna liger da s'avicinar als umans da quista regiun. Ma chi chi tils ha imprais a cugnuoscher, tils serra in seis cour – usché sco las valladas, ingio ch'els vivan. Ils umans e la natüra as sto il prüm scuvrir. La richezza da quista cuntrada as manifestescha d'üna vart tras cordialità e sincerità, da l'otra vart tras bellezza, forza e quietezza.
L'isolaziun da quistas valladas ha pisserà cha'l turissem s'ha sviluppà be plan, schabain chi dà in Engiadina bassa, in Val Müstair ed in Samignun bler da verer: Na be la clostra da Müstair o il chastè da Tarasp, eir ils bels cumüns chi sun mantgnüts per gronda part in lur vegl stil, vala la paina da far la visita. Ün evenimaint tuot special spordscha lura amo la cuntrada unica ed impreschiunanta. Cha cuntradas pon fuormar, muossan ils purtrets in quist cudesch.

Las legendas da las fotografias sun tradüttas in rumanch sün pagina 116.

Learning from landscapes

«Show me your homeland and I will tell you who you are.» Nothing else forms people's characters as much as the landscape they live in. It is nature above all that turns men and women into «southerners», «northerners» or «mountain people», and here we might even therefore speak of «Unterengadiner», «Münstertaler» and «Samnauner».

The Lower Engadine, Val Müstair and Samnaun are embedded in an overwhelming landscape: harsh, wild and almost primitive. A landscape where nature is sovereign – usually majestic, often however also unforeseeable and capricious. The inhabitants of these valleys have learnt to live with nature and to resist its stark challenges. They have stood up to nature's wildering temper, yet the landscape has left a certain influence on them. Like the mountains surrounding them, they are quiet and reserved. The narrow valleys which they live in have contributed to giving them a collected manner; the more remote valleys - which have gained better access by means of the Vereina tunnel only since 1999 – have modelled them into taciturn, introspective mountain people.

Quiet and reserved, collected and introspective – merely a unilateral description. Getting closer to the people of this region seems arduous at first, yet whoever gets to know them will keep them close at heart, just like the valleys which they live in. Like nature, people need first to be discovered. Only then does one realise how warm-heartedness and sincerity on the one hand, and magnificence, powerful quiet landscapes on the other contribute to the richness of this region.

The isolation of these valleys has caused local tourism to develop hesitantly. Yet many people are unaware of the numerous interesting features in Lower Engadine, Val Müstair and Samnaun. Not only the Müstair monastery or the Tarasp Castle, but also the countless villages – most of which have maintained their traditional style – are highly worth a visit. And then of course the landscapes, the uniqueness of which shall impress one's mind over and over, representing each time an unforgettable experience. Landscapes leave their trace, as the pictures in this book wish to show.

You'll find the English picture captions on page 117.

Quando i paesaggi lasciano un'impronta

«Mostrami la tua patria e ti dirò chi sei.» Non c'è altro che caratterizzi le persone così distintamente come il paesaggio nel quale vivono. È soprattutto la natura che trasforma le persone in «meridionali», «nordici» o «alpini», e forse qui potremmo appunto parlare anche di «Unterengadiner», «Münstertaler» e «Samnauner».
La Bassa Engadina, la Val Müstair e Samnaun sono situati in un paesaggio magnifico: dirupato, selvaggio e misteriosamente primitivo. Qui regna la natura – di regola maestosa, ma a volte anche con toni imprevedibili e volubili. Gli abitanti di queste valli hanno imparato a convivere con la natura, ad affrontarla. Hanno saputo tenere testa ai suoi capricci, ma il paesaggio a modo suo li ha come segnati. Parimenti alle montagne che li circondano, così loro sono calmi e riservati. Le strette valli in cui vivono hanno conferito loro una particolare avvedutezza, e le valli più remote, meglio raggiungibili solamente dal 1999 grazie alla galleria della Vereina, li hanno trasformati in taciturni e chiusi abitanti delle montagne.
Calmi e riservati, avveduti e chiusi, una descrizione piuttosto unilaterale. Non è sempre facile conoscere da vicino gli abitanti di questa regione. Chi però li ha conosciuti non li dimenticherà facilmente, così come le valli in cui vivono. Gli esseri umani sono come la natura: bisogna prima scoprirli. Solo allora ci si accorge di quanto da un lato la cordialità e la sincerità e dall'altro lato lo splendore, la forza e la quiete contribuiscano al ricco patrimonio di questa regione.
L'isolamento di queste valli ha fatto sì che il turismo si sviluppasse con titubanza. Forse non a tutti è noto che la Bassa Engadina, la Val Müstair e la regione di Samnaun offrono numerose attrazioni. Meritano una visita non solo il monastero di Müstair o il castello di Tarasp, bensì anche i numerosi villaggi, la maggior parte dei quali ha mantenuto il proprio stile antico. C'è poi anche il paesaggio, che con la sua impressionante unicità si trasforma ogni volta per il visitatore in un'esperienza indimenticabile.
I paesaggi possono lasciare un'impronta, ed è questo che vogliono dimostrare le immagini raccolte in questo libro.

La traduzione in lingua italiana delle didascalie si trova a pagina 118.

L'empreinte profonde des paysages...

«Montre-moi ton pays, et je te dirai qui tu es.» Rien ne marque autant les hommes que les contrées qu'ils habitent. Et c'est la nature, avant toute chose, qui fait des gens des Méridionaux, des Nordiques, des montagnards ou, justement, des Unterengadiner, des Münstertaler ou des Samnauner.
La Basse-Engadine, le val de Müstair et Samnaun bénéficient d'un décor somptueux: abrupt, sauvage et intact. Ici, la nature règne sans partage. Le plus souvent magnifique, parfois rude et imprévisible. Les habitants de ces régions ont appris à braver la nature, ils l'ont apprivoisée. Ils ont fait front à ses caprices, mais le paysage les a marqués de son empreinte. Une empreinte profonde.
A l'image des montagnes qui se dressent alentour, ce sont des gens calmes et tranquilles. L'encaissement des vallées où ils vivent a fait d'eux des personnes réfléchies. L'isolement des vallées, plus facilement accessibles depuis l'ouverture du tunnel de la Vereina en 1999, a fait d'eux des montagnards taciturnes et introvertis.
Calmes et tranquilles, réfléchis et taciturnes... Mais ce ne sont là que quelques facettes de leur personnalité. Il est vrai qu'il est difficile de se rapprocher des gens de ces contrées. Pourtant, quiconque les connaît un tant soit peu, les porte dans son cœur – tout comme il porte dans son cœur les vallées où ils vivent. Simplement, il faut se laisser le temps de la découverte, la découverte de l'homme et de la nature. Après, seulement, on s'aperçoit que la vraie richesse de cette région tient autant à la cordialité et à la sincérité de ses habitants qu'à la magnificence, à la sérénité et à la puissance de ses paysages.
Le tourisme ne s'est développé que lentement dans ces vallées reculées. La Basse-Engadine, le val de Müstair et Samnaun recèlent pourtant bien des trésors: si le couvent de Müstair et le château de Tarasp valent le détour, il en va de même pour ces charmants petits villages qui ont su conserver une architecture originale. Sans oublier le paysage unique et impressionnant... Une invitation à vivre une expérience inoubliable.

A quel point un paysage peut être marquant, c'est ce que vous découvrirez à travers les images de ce livre.
L'empreinte profonde des paysages...

Les légendes des photos sont traduites en français page 119

Sonnenterrasse. Brail, 1628 m

Juni-Tag. Zernez und Piz Linard, 3410 m

Zernez, 1473 m

Zernez

Schloss Wildenberg. Zernez

Steinböcke...

…im Nationalpark

Unberührte Natur...

...und raue Wildnis. Der Nationalpark

Backofen an einem Haus in Susch

Kirche San Gian und «La Tuor». Susch

Tor zum Flüela-Pass. Susch, 1426 m

Flüela-Hospiz, 2383 m

Verbindung zwischen Prättigau und Unterengadin...

Vereinatunnel, 19,06 km lang, am 19. 11. 1999 eröffnet

Lavin, 1432 m

Lavin, Kirche San Güerg (Sankt Georg)

Mit dem Wakker-Preis ausgezeichnet. Guarda

Erster Schnee. Guarda

Mittagsstille...

In Guarda

Chalandamarz. Guarda

Schellenursli-Haus. Guarda

Gewitterhimmel. Guarda

Bos-cha

Im Val Tuoi

Im Val Tuoi. Piz Buin, 3312 m

Leuchtender Herbst. Ardez

Burg Steinsberg. Ardez

In Ardez

Adam-und-Eva-Haus. Ardez

Behütet. Ardez

Im Abendlicht. Ftan

Ftan, Piz Pisoc, Piz Zuort, Piz Plavna Dadora...

...Piz Plavna Dadaint, Piz Nair

Hochalpines Institut Ftan

Ftan Grond

Über Berge und Täler...

Vom Piz Minschun

In der Sonntagstracht

Kirche San Georg. Scuol

Bügl Grond. Scuol

Blumengeschmückt. Chasa Perner in Scuol

Bügl-Sot, Kanzler J. Marnia. Scuol

Am ersten Samstag im Februar: Hom Strom in Scuol

Vollmond. Scuol

Wasser, Quellen des Lebens...

Bogn Engiadina Scuol

Bergstation Motta Naluns

Schloss Tarasp, Piz Lischana, Piz San Jon

Fontana. Lai da Tarasp

Sparsels. Schloss Tarasp

Soldatenküche...

...und Speisesaal. Schloss Tarasp

Vulpera

S-charl, 1810 m

Elektrizitätswerk Pradella

Pradella

Kirche San Lurench. Sent, 1430 m

Sent. Piz Ajüz, Piz Lischana, Piz San Jon, Piz Pisoc

Senter Giebel

Dezembertag. Sent

Kurhaus Val Sinestra

Vnà, 1602 m

Vnà

Vnà

Ramosch, 1231 m

Ramosch

Tschlin. Kirchturm San Jon

Tschlin

Tschlin, 1533 m

Piz S-chalambert, -Dadaint und -Dadora von Tschlin aus

San Niclà

Strada

Martina, 1035 m

Grenze zwischen der Schweiz und Österreich. Martina

Compatsch, 1715 m

Der Schergenbach. Laret

Ravaisch

Samnaun

Samnaun, 1840 m

Samnaun

Samnaun. Piz Ot

Samnaun

Samnaun

Val Maisas...

...und Val Musauna bei Samnaun

Ofenpass

Val Müstair – Münstertal

In Tschierv

Tschierv, 1693 m

Lü

Fuldera

Valchava

Valchava. Kirche San Martin

Sta. Maria

Sta. Maria

Sta. Maria, 1375 m

Müstair, 1247 m

Müstair

Müstair

Kloster St. Johann...

...in Müstair

Legendas da las fotografias

5 A Scuol
11 Terrazza da sulai. Brail, 1628 m
12 Di da gün. Zernez e Piz Linard, 3410 m
13 Zernez, 1473 m
14 Zernez
15 Chastè da Wildenberg. Zernez
16 Capricorns...
17 ...aint il Parc Naziunal
18 Natüra intacta ...
19 ...e cuntrada sulvadia. Aint il Parc Naziunal
20 Fuorn vi d'üna chasa a Susch
21 Baselgia San Gian e «La Tuor». Susch
22 Portal vers il Pass dal Flüela. Susch, 1426 m
23 Ospiz dal Flüela, 2283 m
24 Colliaziun tanter il Partens e l'Engiadina bassa ...
25 Tunnel dal Vereina, 19,06 km lung, avertüra ils 19-11-1999
26 Lavin, 1432 m
27 Lavin, baselgia San Güerg
28 Premià cul premi Wakker. Guarda
29 Prüma naiv. Guarda
30 Quietezza da mezdi...
31 A Guarda
32 Chalandamarz. Guarda
33 Uorsin. Guarda
34 Nüvlas da temporal. Guarda
35 Bos-cha
36 Aint in Val Tuoi
37 Aint in Val Tuoi. Piz Buin, 3312 m
38 Utuon splenduraint. Ardez
39 Chastè da Steinsberg. Ardez
40 Ardez
41 Chasa Adam ed Eva. Ardez
42 Preservà. Ardez
43 Illa glüm da la saira. Ftan
44 Ftan, Piz Pisoc, Piz Zuort, Piz Plavna dadora ...
45 ...Piz Plavna dadaint, Piz Nair
46 Institut Otalpin Ftan
47 Ftan grond
48 Sur munts e vals...
49 Davent dal Piz Minschun
50 In costüm da festa
51 Baselgia San Georg. Scuol
53 Bügl grond
54 Ornà cun fluors. Chasa Perner a Scuol
55 Bügl sot, chanzlist J. Marnia. Scuol
56 La prüma sonda da favrer: Hom strom a Scuol
57 Glüna plaina. Scuol
58 Funtanas da la vita
59 Bogn Engiadina Scuol
60 Motta Naluns
61 Chastè da Tarasp, Piz Lischana, Piz San Jon
62 Fontana. Lai da Tarasp
63 Sparsels. Chastè da Tarasp
64 Chadafö dals sudats...
65 ...e sala da mangiar. Chastè da Tarasp
66 Vulpera
67 S-charl, 1810 m
68 Ouvras electricas da Pradella
69 Pradella
70 Baselgia San Lurench. Sent 1430 m
71 Sent, Piz Ajüz, Piz Lischana, Piz San Jon, Piz Pisoc
72 Culmaina da Sent
73 Di da december. Sent
74 Chasa da cura in Val Sinestra
75 Vnà, 1602 m
76 Vnà
77 Vnà
78 Ramosch, 1231 m
79 Ramosch
80 Tschlin. Baselgia San Plasch
81 Tschlin
82 Tschlin, 1533 m
83 Piz S-chalambert, -dadaint e -dadora davent da Tschlin
84 San Niclà
85 Strada
86 Martina, 1035 m
87 Cunfin tanter la Svizra e l'Austria. Martina
88 Compatsch, 1715 m
89 Schergenbach. Laret
90 Plan
91 Ravaisch
92 Samignun
93 Samignun, 1840 m
94 Samignun
95 Samignun. Piz ot
96 Samignun
97 Samignun
98 Val Maisas...
99 ...e Val Musauna pro Samignun
100 Pass dal Fuorn
101 Val Müstair
102 A Tschierv
103 Tschierv, 1693 m
104 Lü
105 Fuldera
106 Valchava
107 Valchava, baselgia San Martin
108 Sta. Maria
109 Sta. Maria
110 Sta. Maria, 1375 m
111 Müstair, 1247 m
112 Müstair
113 Müstair
114 Clostra San Jon...
115 ...a Müstair
120 Prà da gün. Sper Sent

Pictures captions

5 In Scuol
11 Terrasse in the sun. Brail, 1628 m
12 A day in June. Zernez and Piz Linard, 3410 m
13 Zernez, 1473 m
14 Zernez
15 The Wildenberg Castle. Zernez
16 Ibexes...
17 ...in the National Park
18 Unspoilt nature...
19 ...and fierce wilderness. In the National Park
20 Oven and adjacent house in Susch
21 Church of San Gian and «La Tuor». Susch
22 The portal to the Flüela pass. Susch, 1426 m
23 The Flüela hospice, 2383 m
24 Connection between Prättigau and the Lower Engadine...
25 The Vereina tunnel, 19,06 km long, opened on November 19, 1999
26 Lavin, 1432 m
27 Lavin, Church San Güerg (Saint George)
28 Crowned with the Wakker Award. Guarda
29 The first snow. Guarda
30 Midday calmness...
31 In Guarda
32 Chalandamarz. Guarda
33 The Schellenursli house. Guarda
34 Thunderstorm sky. Guarda
35 Bos-cha
36 In Val Tuoi
37 In Val Tuoi. Piz Buin, 3312 m
38 Bright autumn. Ardez
39 Fortress of Steinsberg. Ardez
40 In Ardez
41 House of Adam and Eve. Ardez
42 Sheltered. Ardez
43 Evening lights. Ftan
44 Ftan, Piz Pisoc, Piz Zuort, Piz Plavna Dadora...
45 ...Piz Plavna Dadaint, Piz Nair
46 The Hochalpines Institut in Ftan
47 Ftan Grond
48 Over mountains and valleys...
49 From the Piz Minschun
50 Traditional Sunday dresses
51 Church San Georg. Scuol
53 Bügl Grond. Scuol
54 Flower decoration. Chasa Perner in Scuol
55 Bügl-Sot, chancellor J. Marnia. Scuol
56 First Saturday in February: Hom Strom in Scuol
57 Full moon. Scuol
58 Source of life
59 Bogn Engiadina Scuol
60 Summit station Motta Naluns
61 Tarasp Castle, Piz Lischana, Piz San Jon
62 Fountain. Lai da Tarasp
63 Sparsels. Tarasp Castle
64 Soldiers' kitchen...
65 ...and dining room. Tarasp Castle
66 Vulpera
67 S-charl, 1810 m
68 Power station Pradella
69 Pradella
70 Church San Lurench. Sent, 1430 m
71 Sent. Piz Ajüz, Piz Lischana, Piz San Jon, Piz Pisoc
72 Pediment in Sent
73 A day in December. Sent
74 Val Sinestra health resort
75 Vnà, 1602 m
76 Vnà
77 Vnà
78 Ramosch, 1231 m
79 Ramosch
80 Tschlin. Church San Jon
81 Tschlin
82 Tschlin, 1533 m
83 Piz S-chalambert, S-Dadaint and S-Dadora seen from Tschlin
84 San Niclà
85 Strada
86 Martina, 1035 m
87 Border between Switzerland and Austria. Martina
88 Compatsch, 1715 m
89 The Schergenbach stream. Laret
90 Plan
91 Ravaisch
92 Samnaun
93 Samnaun, 1840 m
94 Samnaun
95 Samnaun. Piz Ot
96 Samnaun
97 Samnaun
98 Val Maisas...
99 ...and Val Musauna near Samnaun
100 The Ofenpass
101 Val Müstair – The Müstair Valley
102 In Tschierv
103 Tschierv, 1693 m
104 Lü
105 Fuldera
106 Valchava
107 Valchava, Church San Martin
108 Sta. Maria
109 Sta. Maria
110 Sta. Maria, 1375 m
111 Müstair, 1247 m
112 Müstair
113 Müstair
114 Monastery of St. Johann...
115 ...in Müstair
120 Meadow in June. Near Sent

Legenda figure

5 A Scuol
11 Terrazza al sole. Brail, 1628 m
12 È giugno. Zernez e Piz Linard, 3410 m
13 Zernez, 1473 m
14 Zernez
15 Il castello di Wildenberg. Zernez
16 Stambecchi...
17 ...nel parco nazionale
18 Natura intatta...
19 ...e natura selvaggia. Nel parco nazionale
20 Forno adiacente ad un'abitazione a Susch
21 La chiesa di San Gian e «La Tuor». Susch
22 Il portale del passo della Flüela. Susch, 1426 m
23 Capanna della Flüela, 2383 m
24 Collegamento fra Prättigau e la Bassa Engadina...
25 La galleria della Vereina, lunga 19,06 km, inaugurata il 19.11.1999
26 Lavin, 1432 m
27 Lavin, la chiesa di San Güerg (San Giorgio)
28 Insignito del premio Wakker. Guarda
29 La prima neve. Guarda
30 Quiete di mezzogiorno...
31 A Guarda
32 Chalandamarz. Guarda
33 Schellenursli-Haus. Guarda
34 Cielo minaccioso. Guarda
35 Bos-cha
36 Nella Val Tuoi
37 Nella Val Tuoi. Piz Buin, 3312 m
38 Autunno lucente. Ardez
39 La roccaforte di Steinsberg. Ardez
40 Ad Ardez
41 La casa di Adamo ed Eva. Ardez
42 Protetti dall'alto. Ardez
43 Luci di fine serata. Ftan
44 Ftan, Piz Pisoc, Piz Zuort, Piz Plavna Dadora...
45 ...Piz Plavna Dadaint, Piz Nair
46 Il Hochalpines Institut di Ftan
47 Ftan Grond
48 Per monti e valli...
49 Dal Piz Minschun
50 Costumi tradizionali di domenica
51 La chiesa di San Georg. Scuol
53 Bügl Grond. Scuol
54 Ornata di fiori. Chasa Perner a Scuol
55 Bügl-Sot, il cancelliere J. Marnia. Scuol
56 Il primo sabato di febbraio: Hom Strom a Scuol
57 Luna piena. Scuol
58 Fonte di vita
59 Bogn Engiadina Scuol
60 Stazione di montagna Motta Naluns
61 Il castello di Tarasp, Piz Lischana, Piz San Jon
62 Fontana. Lai da Tarasp
63 Sparsels. Castello di Tarasp
64 La cucina dei soldati...
65 ...e la sala da pranzo. Castello di Tarasp
66 Vulpera
67 S-charl, 1810 m
68 Azienda elettrica Pradella
69 Pradella
70 La chiesa di San Lurench. Sent, 1430 m
71 Sent. Piz Ajüz, Piz Lischana, Piz San Jon, Piz Pisoc
72 Frontone a Sent
73 Dicembre. Sent
74 Casa di cura Val Sinestra
75 Vnà, 1602 m
76 Vnà
77 Vnà
78 Ramosch, 1231 m
79 Ramosch
80 Tschlin. Chiesa di San Jon
81 Tschlin
82 Tschlin, 1533 m
83 Piz S-chalambert, S-Dadaint e S-Dadora visti da Tschlin
84 San Niclà
85 Strada
86 Martina, 1035 m
87 La frontiera fra Svizzera ed Austria. Martina
88 Compatsch, 1715 m
89 Il ruscello Schergenbach. Laret
90 Plan
91 Ravaisch
92 Samnaun
93 Samnaun, 1840 m
94 Samnaun
95 Samnaun. Piz Ot
96 Samnaun
97 Samnaun
98 Val Maisas...
99 ...e Val Musauna presso Samnaun
100 Il Passo del Forno
101 Val Müstair – Münstertal
102 A Tschierv
103 Tschierv, 1693 m
104 Lü
105 Fuldera
106 Valchava
107 Valchava, chiesa di San Martin
108 Sta. Maria
109 Sta. Maria
110 Sta. Maria, 1375 m
111 Müstair, 1247 m
112 Müstair
113 Müstair
114 Il monastero di St. Johann...
115 ...a Müstair
120 Un prato a giugno. Presso Sent

Légendes des photos

5 A Scuol
11 Terrasse ensoleillée, Brail, 1628 m
12 En juin, Zernez et Piz Linard, 3410 m
13 Zernez, 1473 m
14 Zernez
15 Château des Planta-Wildenberg, Zernez
16 Bouquetins...
17 ...dans le Parc national suisse
18 Nature intacte...
19 ...et sauvage. Parc national suisse
20 Four d'une maison de Susch
21 Eglise San Gian et La Tuor. Susch
22 Accès au col de la Flüela. Susch, 1426 m
23 Hospice de la Flüela, 2383 m
24 Voie de communication entre Prättigau et la Basse-Engadine...
25 Le tunnel de la Vereina, long de 19,06 km, ouvert le 19.11.1999
26 Lavin, 1432 m
27 Lavin, église San Güerg (Saint-George)
28 Guarda, qui a reçu le prix Wakker
29 Premières neiges. Guarda
30 Calme plat à l'heure du déjeuner...
31 A Guarda
32 Chalandamarz. Guarda
33 Maison de Schellenursli (personnage d'un conte). Guarda
34 Ciel orageux. Guarda
35 Bos-cha
36 Dans le val Tuoi
37 Dans le val Tuoi, Piz Buin, 3312 m
38 Automne lumineux. Ardez
39 Forteresse de Steinsberg. Ardez
40 A Ardez
41 Maison d'Adam et Eve. Ardez
42 Instants de sérénité. Ardez
43 Lueurs vespérales. Ftan
44 Ftan, Piz Pisoc, Piz Zuort, Piz Plavna Dadora...
45 ...Piz Plavna Dadaint, Piz Nair
46 Institut des hautes Alpes, Ftan
47 Ftan Grond
48 Au-dessus des montagnes et des vallées...
49 Depuis le Piz Minschun
50 Costumes traditionnels
51 Eglise Saint-George, Scuol
53 Bügl Grond, Scuol
54 Chasa Perner ornée de fleurs. Scuol
55 Bügl-Sot, le chancelier J. Marnia. Scuol
56 Le premier samedi de février: Hom Strom à Scuol
57 Pleine lune. Scuol
58 Sources de vie
59 Bogn Engiadina Scuol
60 Station d'altitude Motta Naluns
61 Château de Tarasp, Piz Lischana, Piz San Jon
62 Fontana, Lai da Tarasp
63 Sparsels, château de Tarasp
64 La cuisine...
65 ...et la salle à manger, château de Tarasp
66 Vulpera
67 S-charl, 1810 m
68 Centrale électrique. Pradella
69 Pradella
70 Eglise San Lurench, Sent. 1430 m
71 Sent, Piz Ajüz, Piz Lischana, Piz San Jon, Piz Pisoc
72 Fronton. Sent
73 Sent en décembre
74 Etablissement thermal, val Sinestra
75 Vnà, 1602 m
76 Vnà
77 Vnà
78 Ramosch, 1231 m
79 Ramosch
80 Tschlin. Eglise San Jon
81 Tschlin
82 Tschlin, 1533 m
83 Piz S-chalambert, -Dadaint et -Dadora depuis Tschlin
84 San Niclà
85 Strada
86 Martina, 1035 m
87 Frontière entre la Suisse et l'Autriche. Martina
88 Compatsch, 1715 m
89 Le Schergenbach, Laret
90 Plan
91 Ravaisch
92 Samnaun
93 Samnaun, 1840 m
94 Samnaun
95 Samnaun, Piz Ot
96 Samnaun
97 Samnaun
98 Val Maisas...
99 ...et val Musauna près de Samnaun
100 Ofenpass
101 Val Müstair (Münstertal)
102 A Tschierv
103 Tschierv, 1693 m
104 Lü
105 Fuldera
106 Valchava
107 Valchava, église San Martin
108 Santa Maria
109 Santa Maria
110 Santa Maria, 1375 m
111 Müstair, 1247 m
112 Müstair
113 Müstair
114 Couvent St-Jean-Baptiste...
115 ...à Müstair
120 Prairie près de Sent, en juin

Juniwiese. Bei Sent